Inhaltsverzeichnis

Anmerkung: Liebe Lehrkraft, wir möchten in unseren Materialien niemanden benachteiligen oder diskriminieren. Daher nutzen wir unter anderem das Gendersternchen, um alle Geschlechter anzusprechen. In Texten für Schüler*innen verzichten wir jedoch aus Gründen der besseren Lesbarkeit darauf und nutzen weiterhin entweder die „neutrale“ Form oder Doppelformen. Selbstverständlich sind stets alle Geschlechter gemeint.

Vorbemerkungen

Zum Lesen allgemein, Tipps und Tricks

Viele Kinder – und auch Erwachsene – können sich Texte nur mit großer Anstrengung oder gar nicht erschließen. Die IGLU-Studie 2023 hat dies eindrucksvoll gezeigt. **Lesen** ist aber nicht nur der **Schlüssel zu Bildung,** sondern ermöglicht auch eine **gleichberechtigte Teilhabe am Alltag.** Wer nicht lesen kann, kann zum Beispiel keine Gebrauchsanweisungen entziffern oder nicht so einfach Bus fahren, weil der Fahrplan nicht entschlüsselt werden kann. Selbst das Unterschreiben von Dokumenten kann nicht oder nicht adäquat erfolgen, weil der dazugehörige Text nicht gelesen werden kann. Und nicht zuletzt entfällt die gesamte Welt an Comics, Romanen und Krimis, die den Blickwinkel erweitern und die Fantasie anregen – und auch die Fähigkeit des Entschlüsselns informativer Texte und damit die Möglichkeit, sich **Wissen anzueignen.**
Gerade lebensnahe, spannende und auf die Lebenswelten von Kindern zugeschnittene Texte sind der Grundstein für den Erwerb von Lesekompetenzen. Es gibt also Gründe genug, solche Texte Einzug in den Unterricht finden zu lassen! Im Zuge der IGLU-Studie soll Leseförderung nun fächerübergreifend fest im Unterricht verankert werden. Bewährt hat es sich, dass die Schüler*innen drei- bis fünfmal pro Woche je 20 Minuten lang lesen – unabhängig vom Deutschunterricht. Dies stärkt nachweislich das **flüssige Lesen,** die **Dekodierfähigkeit** von Wörtern und das **Leseverständnis.**
Das vorliegende Material bietet eine **Auswahl an unterschiedlichen Texten und Textformen,** die genau darauf ausgelegt sind: Sie nehmen bzgl. der Wortanzahl und des Schwierigkeitsgrades zu, sind auf die Lebenswelten und Interessen der Kinder ausgelegt und wecken die Freude am (Weiter-)Lesen.
Um die **20 Minuten Leseförderung im Unterricht** anzubahnen, bietet sich zunächst der Deutschunterricht an. Hier kann der Lesestand von allen Kindern ermittelt und die **Methoden zur Leseförderung** (s. u.) können geübt und gefestigt werden. Anschließend sollte die Leseförderung fachunabhängig ausgeweitet werden – für ein positives Ergebnis sollten die Kinder mindestens dreimal pro Woche und mindestens 15 Minuten lang lesen. Die Methoden eignen sich ebenso für DaZ-Kinder sowie Kinder mit LRS.

Ermittlung der Lesegeschwindigkeit und -genauigkeit

Eine gute Vorbereitung der Leseförderung seitens der Lehrkraft ist besonders wichtig. Diese sollte zunächst die **Lesegeschwindigkeit und -genauigkeit der Schüler*innen ermitteln.** Dazu kann sie die Schüler*innen bspw. eine Minute lang den jeweils gleichen Text lesen lassen und markiert sich dabei alle falsch oder holperig gelesenen Wörter. Anhand dessen teilt sie die Klasse in zwei Gruppen ein: Die erste Gruppe setzt sich aus dem schnellsten und besten Leser bis zum oberen Mittelfeld zusammen und die zweite Gruppe aus dem unteren Mittelfeld bis zum schwächsten Leser. Anhand dieser Einteilung können die Schülerpaare für die im Anschluss vorgestellten Methoden zusammengestellt werden.

Lesemethoden

Im Folgenden werden die verschiedenen **Lesemethoden kurz vorgestellt,** nach denen die Schüler*innen in den 20 Minuten Lesezeit gefördert werden können. Bei der Textauswahl wurde darauf geachtet, dass die meisten Texte nicht mehr als 200 Wörter umfassen, sodass es den Schüler*innen möglich ist, sie innerhalb von 20 Minuten mehrfach zu lesen. Die Texte sind nach Textart und Anzahl der Wörter und damit aufsteigendem Schwierigkeitsgrad sortiert.

Tandemlesen

Beim **Tandemlesen** finden sich immer zwei Schüler*innen zusammen. Sie bestehen aus **einem stärkeren und einem schwächeren Leser,** die „Trainer“ und „Sportler“ sind. Es bietet sich an, aus den beiden Gruppen jeweils die Kinder mit den besten Lesefähigkeiten zu kombinieren, dann die etwas schwächeren und so weiter. So ist das Leistungsgefälle zwischen den Schüler*innen nicht zu groß. Auf diese Weise werden alle Paare zusammengestellt.
Die Schüler*innen erhalten einen Text und **lesen ihn gemeinsam halblaut.** Dabei fahren beide den Text Wort für Wort mit dem Finger nach. Bei Fehlern verbessert der Trainer den Sportler und unterstützt ihn. Hat der Sportler einen Fehler gemacht, wird der Satz erneut gelesen und das falsch gelesene Wort verbessert. Wenn der Sportler sich sicher fühlt, gibt er dem Trainer ein Zeichen und liest allein weiter – bis er erneut einen Fehler macht. Dann steigt der Trainer wieder mit ein, bis der Sportler allein weiterlesen möchte. **So wird der Text insgesamt mindestens viermal gelesen.** Dadurch prägen sich die Wörter besser ein und können später auch in anderen Texten leichter dekodiert werden. Durch das halblaute Lesen werden Fehler direkt sichtbar gemacht und können verbessert werden.
Ein besonders wichtiger Punkt ist das **Loben:** Hat der Sportler gut gelesen und seine Leistung verbessert, ist der Trainer angehalten, ihn zu loben.

Chorisches Lesen

Beim **chorischen Lesen trägt zunächst die Lehrkraft den Text einmal vor. Dann** liest die **gesamte Klasse gemeinsam** den Text. Dabei übernimmt die Lehrkraft die Führung und bestimmt das Tempo. Es ist wichtig, während des Lesens alle Kinder im Blick zu behalten und, wenn nötig, Unterstützung zu geben.
Alle **starten auf ein Signal** der Lehrkraft (z. B.: „Drei, zwei, eins!“) mit dem Lesen. Die Schüler*innen lesen nur so laut, dass sie die Lehrkraft noch hören können, und verfolgen den Text mit dem Finger. Es wird ein **Pausensignal** (z. B.: „Stopp!“) vereinbart, damit beispielsweise umgeblättert werden kann oder schwierige Stellen besprochen werden können. So wird außerdem sichergestellt, dass alle Kinder mitkommen. Anstelle der Lehrkraft kann auch ein Kind Lesechef*in sein und die Signale geben.

Tipp: Weitere Infos zu dieser und anderen Lautlese-Methoden finden Sie unter:
https://www.lesen-in-deutschland.de/journal/lautleseverfahren-von-tandemlesen-bis-lesetheater-1963
Außerdem finden Sie den kostenfreien Download-Artikel „5 Lautlese-Methoden einfach erklärt“ unter der Bestellnummer DLA88 auf unserer Homepage: *www.buchverlagkempen.de*

Leserakete: Dies ist eine Lesehilfe für die Kinder. Wenn sie auf festeres Papier kopiert und ausgeschnitten wird, hilft sie dabei, in der Zeile zu bleiben und Wort für Wort zu lesen.

Die geklaute Brezel

103 Wörter

„He! Wer hat meine Brezel geklaut?"
Julia hält eine leere Tüte in der Hand.
Sie schaut sich nach allen Seiten um.

Timo grinst und beißt in sein Brötchen.
Lena holt einen Apfel aus ihrer Tasche.
Und Serap schimpft: „Das ist gemein!"

Niemand hat Julias Brezel gesehen.
Da teilt Lena ihren Apfel mit Julia.
Serap gibt Julia ein Stück Kuchen ab.

Trotzdem – Julia ist immer noch wütend.
Nach der Pause haben die Kinder Deutsch.
Alle sollen ihr Schreibheft herausholen.

Julia nimmt ihre Tasche und öffnet sie.
Und was findet sie zwischen den Heften?
Die Brezel, die aus der Tüte gerutscht war.

von Maria Schmetz

Karneval in der Klasse (1)

109 Wörter

GeSCHICHTeN

Am letzten Schultag vor Karneval
dürfen sich alle Kinder verkleiden.
Dann geht es in der Klasse lustig zu.
Manche Kinder sind kaum zu erkennen.

Leo hat eine dicke, runde, rote Nase.
Und er trägt viel zu große Schuhe.
Auf dem Kopf hat er ein kleines Hütchen.
Als lustiger Clown winkt er allen zu.

Fred und Mona kommen als Gespenster.
Sie haben sich weiße Tücher umgehängt.
Die beiden huschen durch das Zimmer.
Dabei rufen sie gruselig: „Huuuh! Hu-huh!“

Larissa hat große, graue Maus-Ohren,
eine rosa Nase und einen langen Schwanz.
Und Melinda hat sich als Katze verkleidet.
Sie hebt ihre Tatzen und ruft: „Miau! Miau!“

von Maria Schmetz

Karneval in der Klasse (2)

117 Wörter

Tim und Tom kommen auf Stelzen in die Schule.
Die Zwillinge sind nun richtige Riesen.
Oh! Da tanzt ja Pippi Langstrumpf herum!
Na klar, das kann nur Anna-Lena sein.

Lina hat sich als Prinzessin verkleidet.
Die kleine Krone steht ihr gut.
Florian kommt als Frosch: „Quak! Quak!“
Er hört nicht mehr auf zu quaken.

Räuber Benno hat Schmutz im Gesicht
und einen großen Sack auf dem Rücken.
Aber – wo steckt denn nur die Lehrerin?
Ob Frau Fränzel heute nicht kommt?

Da schleicht eine alte Hexe durch die Tür.
Sie trägt eine Brille und einen spitzen Hut.
Die Hexe geht am Stock und verteilt Kekse.
Hilfe, das ist ja Frau Fränzel, die Lehrerin!

GeSCHICHTeN

von Maria Schmetz

Hamster Backe ist weg

123 Wörter

Ella hat seit einer Woche einen Hamster.
Der Hamster stopft sich die Backen voll.
Deshalb hat Ella ihn „Backe“ genannt.

Heute macht Ella den Stall sauber.
Dabei vergisst sie, die Stalltür zu schließen.
Als sie wiederkommt, ist Backe weg.

Ella schnieft und sucht ihren Hamster.
Sie sucht ihn in der ganzen Wohnung.
Aber Backe bleibt verschwunden.

Ella setzt sich traurig auf den Boden.
Sie überlegt: Wo kann Backe nur sein?
Dann hat Ella eine supergute Idee.

Ella streut Futter in der Wohnung aus.
Wer kommt und stopft sich die Backen voll?
Das ist Backe, der kleiner Ausreißer!

Ella nimmt Backe vorsichtig auf den Arm.
Sie streichelt ihn und trägt ihn zum Stall.
Ella strahlt und schaut ihm glücklich zu.

von Maria Schmetz

Die Not-Operation (1)

126 Wörter

Madita war zusammen mit Papa auf dem Jahrmarkt.
An der Losbude hat sie einen großen Esel gewonnen.
Emil ist der schönste Esel auf der ganzen Welt.

Heute möchte Madita gerne auf ihrem Esel reiten.
Aber – Emil ist störrisch und bleibt stehen.
Madita macht sich Sorgen: Emil ist bestimmt krank.

Emils Bauch fühlt sich recht merkwürdig an.
„Lieber Emil, du musst jetzt sehr, sehr tapfer sein!“,
flüstert Madita. „Ich muss dich leider operieren.“

Madita holt eine Schere und schnipp-schnapp,
schneidet sie mutig ein großes Loch in Emils Bauch.
Ups! Da kullern ja lauter weiße Kügelchen heraus.

Madita kriegt einen Schreck. Sie schluckt und stöhnt:
„Kein Wunder, dass du von dem Zeug Bauchweh hast!“
Dann seufzt sie und fragt Emil: „Was machen wir jetzt?“

von Maria Schmetz

Die Not-Operation (2)

126 Wörter

Madita hebt ihren kranken Esel ganz vorsichtig hoch.
Immer mehr von den weißen Kügelchen rieseln heraus.
Jetzt sieht es aus wie nach einer Schneeballschlacht.

Madita seufzt: „Am besten, ich nähe dich wieder zu.“
Sie geht mit Emil unter dem Arm die Treppe hinunter.
Unterwegs rieseln noch viel mehr Kügelchen heraus.

Emil ist jetzt so schlaff wie ein Luftballon ohne Luft.
In der Küche kramt Madita in Mamas Schubladen.
Sie sucht überall, aber das Nähzeug findet sie nicht.

Da – draußen wird die Haustür aufgeschlossen.
„Madita!“, ruft Mama. „Was ist denn hier passiert?“
Madita schluchzt: „Ich – ich wollte Emil operieren.“

Mama schüttelt den Kopf und gibt Madita einen Besen.
Damit fegt Madita all die weißen Kügelchen zusammen.
Und Mama? – Die holt inzwischen Nadel und Faden.

GeSCHICHTeN

von Maria Schmetz

Oh, dieser Marvin!

135 Wörter

Es gibt Kinder, die sind lieb.
Es gibt Kinder, die sind freundlich.
Und – es gibt Marvin.
Marvin ist der Neue in der Klasse.

Marvin rempelt Jochen an.
Marvin stellt Jette ein Bein.
Marvin schnappt sich Ivans Ball.
Alle Kinder in der Klasse sind sauer.

Niemand will mit Marvin spielen.
Niemand will neben Marvin sitzen.
Niemand will mit Marvin tuscheln.
Marvin grinst frech in die Runde.

Dann kommt eine Neue in die Klasse.
Benita setzt sich neben Marvin.
Benita lächelt Marvin fröhlich an.
Benita schiebt Marvin Kirschen zu.

Marvin grinst verlegen rüber.
Benita fragt ihn: „Spielst du mit?“
Marvin sagt: „Na klar spiel ich mit!
Spielt sonst noch jemand mit?“

Alle Kinder sind überrascht.
Benita und Marvin spielen Fangen.
Leo, Sefta, Pedro und Lara spielen mit.
Alle Kinder aus der Klasse spielen mit.

von Maria Schmetz

Omas Geheimnis

183 Wörter

Manchmal darf Jule am Wochenende zu Oma fahren.
Das findet Jule prima: Oma und Jule ganz allein.
Oma erzählt Geschichten von früher und backt Waffeln.
Auf dem Schrank entdeckt Jule einen alten Koffer.

Jule ist neugierig. Sie will wissen, was da drin ist.
Oma holt den Koffer herunter und stellt ihn auf den Tisch.
Sie lächelt und sagt: „Da sind alle meine Schätze drin.“
Nun holt Oma ein merkwürdiges Bündel aus dem Koffer.

Oma erzählt: „Das ist Billa, meine erste Puppe.“
Das Gesicht ist aus Stoff mit Knöpfen als Augen.
Jule wundert sich. Die Puppe hat einen Hals aus Draht.
Und der fleckige Stoffkörper trägt ein Kleid mit Löchern.

Oma erklärt Jule: „Meine Billa ist eine Lumpenpuppe.
Damals nach dem Krieg gab es keine Puppen.
Da haben Mütter aus alten Stoffresten Puppen genäht.“
„Und die Briefe?“, fragte Jule. „Was sind das für Briefe?“

Oma lächelt und streicht zart über die alten Umschläge.
Neugierig fragt Jule: „Liest du mir die Briefe mal vor?“
Da flüstert Oma: „Die Briefe hat Opa mir geschrieben,
als ich noch jung war. Die Briefe sind mein Geheimnis.“

von Maria Schmetz

Trude, das schielende Schaf

188 Wörter

Schaf Trude stand allein auf der großen, weiten Wiese.
Kein anderes Schaf wollte mit ihr spielen. Kein einziges.
Trude war ein bisschen dicker als die meisten Schafe.
Da blökte eines der Schafe: „Dicke Schafe sind faul."

Trude war auch etwas langsamer als andere Schafe.
Da blökte ein Schaf: „Langsame Schafe sind dumm."
Ein bisschen dick und ein bisschen langsam, nun ja,
solche Schafe gibt es überall auf der weiten Welt.

Aber es kam hinzu, dass Trude auch fürchterlich schielte.
Sie schielte so sehr, dass jedem, den Trude anschaute,
auf der Stelle schrecklich schwindelig wurde.
Ein Schaf blökte: „Schielende Schafe sind schrecklich."

„Trude ist ein faules, dummes, schreckliches Schaf",
blökten die übrigen Schafe und ließen Trude stehen.
Doch da! Da schlich ein Tier heran. Es war ein – Wolf.
Die Schafe rannten, aber sie kamen nur bis zum Zaun.

Trude drehte sich um und ging langsam auf den Wolf zu.
Sie konnte den Wolf kaum erkennen, weil sie schielte.
Dem Wolf aber wurde so schwindelig, dass er wegrannte.
Da kamen alle Schafe, stellten sich um Trude und blökten:
„Trude, du bist ein mutiges, tapferes, großartiges Schaf!"

von Maria Schmetz

Murmeltiermädchen Mila

208 Wörter

Das kleine Murmeltiermädchen Mila
spielt am liebsten mit seinen Geschwistern.
Sie balgen sich auf der Wiese vor dem Bau.
Sie sammeln Grashalme für die gemütliche Winterhöhle.
Wenn ein Murmeltierkind den gefährlichen Steinadler sieht,
pfeift es schrill.
Dann verschwindet Mila mit ihren Brüdern und Schwestern
in den langen Gängen des großen Baus.

Als der Herbst kommt, leuchten die Bäume im Tal bunt.
Jetzt wird es Zeit für den Winterschlaf.
Aber Mila hat dazu überhaupt keine Lust. Winterschlaf ist so langweilig.
Deshalb versteckt sich das kleine Murmeltiermädchen hinter einem Felsen,
als Mama Murmeltier ruft: „Kommt, Kinder! Winterschlaf!“
Alle Murmeltierkinder rennen flink in die Höhle.

Nur Mila bleibt draußen auf der Wiese.
Sie beißt einen Grashalm ab. Sie sucht einen Regenwurm.
Sie gräbt ein kleines Loch. Sie will nicht schlafen.
Sie will spielen. Aber so ganz allein macht das keinen Spaß.
Mila seufzt. Die anderen sind alle verschwunden. Schade.

Mila gähnt. Eigentlich ist sie ziemlich müde.
Leise kriecht sie in den Bau.
Im kuscheligen Winternest liegen Milas Geschwister im warmen Heu.
Mama und Papa sind auch schon da. Das ist gemütlich.
Flink krabbelt Mila zu ihrer Familie. Sie kuschelt sich zu ihren Brüdern,
steckt den Kopf zwischen die Hinterbeine und murmelt:
„Guten Winter. Schlaft gut!“

von Barbara Peters

Quarks will auch ins Bett

210 Wörter

„Autsch! So kann ich nicht schlafen!"
Plüschfrosch Quarks schlenkert seine Schlackerbeine.
Sein Kopf steckt zwischen den Bilderbüchern.
Das ist unbequem.
„Bärli, hilf mir!", bettelt Quarks. Bärli stöhnt.
„Blöde Bauklötze", hört Quarks den Teddy brummen.

Lars hat den Bären in die Kiste mit den Holzklötzen geworfen.
Und Quarks hat er zwischen die Bilderbücher geklemmt.
Jetzt schläft Lars in seinem warmen Bett und träumt etwas Schönes.
Ja, Lars hat es kuschelig und gemütlich und Quarks und Bärli
können nicht schlafen. Das ist ungerecht.

„Komm, wir wecken ihn", sagt Quarks.
„Er muss uns helfen. Ich will auch im Bett schlafen."
„Lass uns Krach machen", brummt der Bär. „Dann wacht er auf."
Bärli strampelt mit den Pfoten. Die Holzklötze klackern in der Kiste.
Quarks dreht und wendet sich. Seine langen Beine zappeln.
Ein Bilderbuch rutscht aus dem Regal.
Rummsss! Es knallt auf den Boden.

„Was war das?" Lars sitzt im Bett und macht Licht.
Bärli tritt kräftig gegen die Klötze und Quarks schiebt und stößt,
bis ein zweites Buch hinunterfällt. Rrrrummmsss!
Verschlafen tapst Lars durchs Zimmer.
Er zieht Quarks aus dem Regal und fischt Bärli aus der Bauklotzkiste.
Dann kuschelt er sich mit den Schmusetieren wieder ins Bett.
„Schöööön", flüstert Quarks.
Bärli ist schon eingeschlafen. Er brummt im Traum.

von Barbara Peters

Wo wohnt Hoppel?

222 Wörter

Der kleine Kaninchenjunge Hoppel läuft durch den Wald.
Blumen blühen, Bienen summen und Gräser und Kräuter duften.
Hoppel knabbert und nascht. Es ist herrlich.

Nach einer Weile wird Hoppel müde. Nun will er nach Hause.
Er schaut sich um. Er weiß, wie der Kaninchenbau aussieht.
Ein Loch in der Erde ist der Eingang.

Hoppel sucht unter einer Baumwurzel und einem Stein.
Da ist ein Loch in der Erde. Das ist ein Eingang. Huch!
Das Loch ist viel zu klein. Nicht einmal Hoppels Pfote passt hinein.
In diesem Moment krabbelt eine Erdwespe heraus.
Sie breitet ihre Flügel aus und fliegt davon.

Aber wo ist Hoppels Wohnung? Der Kaninchenjunge sucht weiter.
Neben einem Baum findet er einen anderen Eingang.
Dieses Loch ist groß. Aber es riecht komisch.
Es riecht – nach Fuchs! Oh nein! Nichts wie weg!
Hoppel rennt, so schnell er kann. Zum Glück ist der Fuchs nicht zu Hause.

Nach einer Weile ist Hoppel außer Atem. Zitternd duckt er sich ins Gras.
Er hat sich verlaufen. Eine Träne kullert über seine Wange.
Plötzlich zuckt Hoppels Näschen. Hier riecht es – nach Kaninchen!
Hoppel hockt direkt vor einem Kaninchenloch.

Vorsichtig streckt er den Kopf hinein.
„Da bist du ja“, sagt eine vertraute Stimme.
Mit einem Satz ist Hoppel im Bau.
Glücklich kuschelt er sich zu seinen Geschwistern
und murmelt zufrieden: „Hallo, Mama!“

Barbara Peters

GESCHICHTEN

Ritter Rülps

223 Wörter

Ritter Wehrfried und seine Frau Thekla sind glücklich.
Endlich haben sie einen Sohn: Kunibert von Hasenstein.
Gewiss wird er einmal ein tapferer Ritter werden.
Doch zu ihrem Kummer mag Kunibert nicht kämpfen.
Mit zehn Jahren hört er auch noch auf zu wachsen.

Kunibert muss nun jeden Tag besonders viel essen.
Aber er wird nicht größer, sondern nur immer dicker.
Schon bald nennen ihn alle Burgbewohner „Kugelbert".
Statt auf einem Pferd reitet Kunibert auf einem Pony.
Doch sein Vater schlägt ihn mit 21 Jahren zum Ritter.

Neidhard von Löwenzahn will Burg Hasenstein erobern.
Seine Freunde Griesbert und Raffbert sollen ihm helfen.
Sie sind sich sicher: Kunibert werden sie besiegen!
Also ziehen die Ritter ihre Rüstungen an und reiten los.
Bald darauf erreichen die drei Ritter Burg Hasenstein.

Am Burgtor rufen sie laut: „Ritter Kunibert, komm heraus!"
Kunibert hat große Angst, aber er zieht seine Rüstung an.
Dann steigt er auf sein Pony und reitet durch das Tor.
Kunibert zittert so sehr, dass seine Rüstung heftig klappert.
Vor Angst und Aufregung muss er auch noch laut rülpsen.

Draußen schreit ein kleines Mädchen: „Oh! Ritter Rülps!"
Die drei Ritter fallen vor lauter Lachen von ihren Pferden.
Die Pferde aber drehen um und rennen auf und davon.
Kunibert lässt den Rittern ihre Rüstungen abnehmen.
Die drei knurren vor Wut und gehen zu Fuß nach Hause.

von Maria Schmetz

Orm wartet – eine Wikinger-Geschichte

231 Wörter

GESCHICHTEN

Mitten in der Juninacht war es taghell.
Morgen sollte bei einem Festmahl das Mittsommernachts-Fest in der Wikinger-Siedlung gefeiert werden.
Die Vorbereitungen waren in vollem Gang.
Musiker und Spaßmacher trafen ein. Es duftete nach Braten und Kuchen.

Obwohl der Wikingerjunge Orm Feste liebte, konnte er sich diesmal nicht richtig freuen. Sein Papa, der große Krieger Alrik, war nicht da. Vor drei Monaten war er mit seinem Drachenboot und vielen Männern losgesegelt, um in fernen Ländern mit fremden Völkern zu handeln. Er hatte versprochen, zur Sommersonnen-Wende zurückzukehren.

Orm saß auf einem Felsen und blickte auf das weite Meer hinaus.
Hatte es einen gefährlichen Sturm gegeben?
War Papas Drachenboot gekentert und in den Tiefen des Ozeans versunken?
Oder waren Alrik und seine Männer im Kampf gefallen?
Orm kämpfte gegen die Tränen. Er wusste: Wikinger weinen nicht.
Doch er hatte solche Sehnsucht nach Papa, dass seine Augen brannten.

Plötzlich entdeckte er einen dünnen schwarzen Strich am Horizont.
Der dunkle Strich wurde schnell größer. Bald schon erkannte Orm den mächtigen, hölzernen Drachenkopf am Bug eines Schiffes.
Das rote Segel blähte sich im Wind.
Wie ein Pfeil glitt das Langschiff auf das Ufer zu.

Orm sprang auf und sah dem Boot mit Herzklopfen entgegen.
Ein Mann stand breitbeinig im Bug des hölzernen Schiffes.
Orms Herz machte einen kleinen Hüpfer: Das war Papa!
Alrik der Starke war rechtzeitig zur Sonnenwend-Feier mit reicher Beute heimgekehrt!

Barbara Peters

Nicht Advent!

53 Wörter

Wenn die Osterhasen Eier
in die Osternester füllen,
die sie in den Morgenstunden
in den Gärten ganz im Stillen

unter Sträuchern, unter Bäumen
und auch unter dichten Hecken
flink und heimlich für die Kinder
überall gar gut verstecken,

wenn die Osterglocken läuten
und das Osterfeuer brennt –

dann ist sicher nicht Advent!

Barbara Peters

Das schenk ich dir zum Muttertag

64 Wörter

Blumen für die Vase,
ein Küsschen auf die Nase,
ein Liedchen zum Träumen,
mein Zimmer aufräumen,
viermal Einkaufen,
zum Briefkasten laufen,
die Topfpflanzen gießen,
die Haustür abschließen,
Frühstück ans Bett
(mit Brötchen, sehr nett!),
den Rasen mähen,
Radieschen aussäen,
einen leckeren Kuchen,
nicht schimpfen und fluchen –
das schenk ich dir zum Muttertag.
Warum? – Weil ich dich gerne mag!

GeDICHTe

von Barbara Peters

Bunt sind schon die Wälder

73 Wörter

Laub in bunten Haufen,
durch die Blätter laufen.
Abends wird es kalt.
Eicheln und vor allem
die Kastanien fallen.
Herbstrot wird der Wald.

In den Himmel steigen
stolz und tanzen Reigen
Drachen aus Papier.
Schwalben südwärts ziehen,
die vor Kälte fliehen.
Doch wir bleiben hier.

Kommt, wir gehn Laterne:
Sonne, Mond und Sterne.
Lampions leuchten hell.
Unsre Lieder klingen,
wenn wir fröhlich singen.
Und die Nacht kommt schnell.

BVK • Barbara Peters / Maria Schmetz: Tandemlesen 2. Klasse

Katz und Maus

74 Wörter

Am Morgen kommt die kleine Maus
vergnügt aus ihrem Loch heraus.
Auf leisen Pfoten schleicht sodann
sich eine schwarze Katze an.

Es piepst die Maus vor ihrem Loch:
„Katze, Katze, fang mich doch!“
Schon will die große, schwarze Katze
das Mäuschen fangen mit der Tatze.

Da schlüpft die Maus ins Loch und lacht:
„Ich habe doch nur Spaß gemacht!“
Die schwarze Katze ärgert sich,
ruft: „Warte nur, bald krieg ich dich!“

von Maria Schmetz

Die Erde ist ein großes Haus

85 Wörter

Die Erde ist ein großes Haus.
Hier gibt es Platz für alle.
Für Schlangen, Fische, Katz und Maus,
für Tiger, Floh und Qualle.

Für Mama, Papa, Oma und
für meine Babyschwester.
Für Opas Garten, unsern Hund
und viele Vogelnester.

Für alle Menschen, groß und klein.
Für Enkel, Tanten, Nichten.
Für Regen, Hagel, Sonnenschein,
für Lieder und Geschichten.

Es wächst auf ihr das Korn fürs Brot,
Kakao für Schokolade,
auch viele Blumen, gelb, blau, rot
und Pflaumen – für die Made.

von Barbara Peters

Mein Tierkostüm

90 Wörter

Zum Karneval will ich als Löwe gehn.
Ich finde die Löwenmähne so schön.
Oder ich gehe als schwarze Katze
mit weißen Pfoten. Pass auf – ich kratze!
Ich wäre auch gerne ein Papagei
oder ein richtig gefährlicher Hai.

Ach, ich mag alle vier Tiere gut leiden.
Kann mich für keines von ihnen entscheiden.
Geh ich als Katze? Als Löwe? Als Hai?
Oder doch lieber als Papagei?

Ich gehe als ein besonderes Tier,
und seinen Namen verrat ich dir hier:
Ich gehe als Katzen-Löwen-Hai,
den Schnabel leih ich – vom Papagei.

Gedichte

von Barbara Peters

Ich bin so krank

94 Wörter

Wenn ich huste, tut es weh.
Mama bringt mir Salbeitee.

Kopfweh, Schnupfen, Heiserkeit.
Papa sagt: „Du tust mir leid!“

Krank sein finde ich so doof!
Meine Freunde sind im Hof

oder planschen froh im Fluss.
Mama gibt mir einen Kuss.

Nachts in meinem Fiebertraum
fall ich metertief vom Baum,

werd von Spinnen angeknabbert,
hör, wie's draußen gruslig klappert.

Monster stehn vor meiner Tür!
Doch zum Glück ist Mama hier.

Langsam lässt das Fieber nach.
Eines Morgens werd ich wach,

bin gesund und wieder frisch,
wie im Meer der kleine Fisch!

GeDIcHTe

von Barbara Peters

BVK • Barbara Peters / Maria Schmetz: Tandemlesen 2. Klasse

Drei kleine Gespenster

111 Wörter

Drei kleine Gespenster,
die schliefen bei offenem Fenster.
Es schlug die Turmuhr Mitternacht.
Da sind sie alle aufgewacht.
Huuuh-Huuuh, Huuuh-Huuuh!

Drei kleine Gespenster,
die schauten aus dem Fenster.
Sie wollten mit den alten Eulen
schaurig um die Wette heulen.
Huuuh-Huuuh, Huuuh-Huuuh!

Drei kleine Gespenster,
die flogen aus dem Fenster.
Sie tanzten auf und nieder
und heulten immer wieder.
Huuuh-Huuuh, Huuuh-Huuuh!

Drei kleine Gespenster,
die schwebten vor dem Fenster.
Da kam eine alte Eule
mit schaurigem Geheule.
Huuuh-Huuuh, Huuuh-Huuuh!

Drei kleine Gespenster
flogen zurück durchs Fenster.
Sie klapperten vor Angst und Schreck
und suchten zitternd ein Versteck.
Huuuh-Huuuh, Huuuh-Huuuh!

von Maria Schmetz

Ich wäre gern ein Luftballon

125 Wörter

Ich wäre gern ein Luftballon,
ganz rund und dick und leicht.
Gemütlich fliege ich davon,
nach Afrika vielleicht.

Ich wäre gern ein Segelboot
auf einem kleinen See,
von innen grün, von außen rot.
Los geht die Fahrt, juchhe!

Ich wäre gern ein Poltergeist
im Schloss um Mitternacht,
der durch dunkle Gänge kreist
und lauter Unsinn macht.

Ich wäre gern ein Kuscheltier
ganz knuddelweich und warm.
Die Kinder spielen gern mit mir
und schaukeln mich im Arm.

Ich wäre gern ein Zeppelin
am blauen Himmel droben.
Ich flieg nach London oder Wien
und säh die Welt von oben.

Ich wäre gern der Mann im Mond.
Das fänd ich wirklich fein.
Doch leider bin ich nicht gewohnt,
ganz ohne Freund zu sein.

von Maria Schmetz

BVK • Barbara Peters / Maria Schmetz: Tandemlesen 2. Klasse

In der Bücherei

99 Wörter

In einer Bücherei gibt es viele Bücher.
Die Bücher stehen geordnet in Regalen.
Es gibt dort Bücher und Zeitschriften
für Kinder, Jugendliche und Erwachsene.

Die Bücher sind nach Themen geordnet.
Da gibt es Bilderbücher, Kinderbücher,
Romane, Bildbände und Sachbücher.
Die Zeitschriften haben ein eigenes Regal.

In der Bücherei können sich die Leute
die Bücher ansehen und dann ausleihen.
In vielen Büchereien gibt es noch mehr:
Filme, Hörbücher und auch Spiele.

Wenn jemand etwas ausleihen möchte,
braucht er einen Ausweis von der Bücherei.
Meist darf man für vier Wochen etwas ausleihen.
Dann muss man die Medien zurückgeben.

von Maria Schmetz

Sicherer Schulweg

104 Wörter

Um sicher zur Schule zu kommen,
muss ich wichtige Regeln beachten.

Bevor ich eine Straße überquere,
schaue ich nach links und rechts.
Wenn ein Auto oder Fahrrad kommt,
warte ich, bis sie vorbeigefahren sind.

Wenn kein Auto oder Fahrrad kommt,
gehe ich zügig über die Straße.
Wenn es einen Zebrastreifen gibt,
dann gehe ich über den Zebrastreifen.

Wenn ich mit dem Fahrrad fahre,
dann benutze ich den Fahrradweg.
Wenn ich rechts abbiegen möchte,
strecke ich meine Hand nach rechts.

Wenn ich links abbiegen möchte,
strecke ich meine Hand nach links.
An einem Stopp-Schild muss ich halten.
Kommt kein Fahrzeug, kann ich fahren.

sachTexte

von Maria Schmetz

Vögel im Winter

109 Wörter

Die meisten unserer Vögel sind Zugvögel.
Sie fliegen im Herbst in den warmen Süden.
Aber es gibt auch Vögel, die bei uns bleiben:
Amseln, Meisen, Rotkehlchen, Spatzen.

Im Winter finden die Vögel wenig Nahrung.
Sie finden keine Insekten und Raupen mehr.
Sie suchen dann nach Samen und Beeren.
Vor allem bei Schnee wird die Suche schwer.

Im Winter können wir den Vögeln helfen.
Wir können Meisen-Knödel aufhängen.
Wir können ein Futterhaus aufstellen mit
Samen, Nüssen, Kernen, Rosinen, Äpfeln.

Wenn die Vögel zum Futterhaus kommen,
können wir sie aus der Nähe beobachten.
Das ist für uns immer wieder ein Erlebnis.
So können wir die Vögel besser kennenlernen.

von Maria Schmetz

Die Blumenwiese

118 Wörter

Unsere Blumenwiesen sind bunt und vielfältig.
Da wachsen viele Gräser, Kräuter und Blumen.
Auch viele Tiere finden hier Platz und Nahrung.
Wiesen wachsen aber nur dort, wo kein Wald ist.

Unter der Erde leben Würmer und Maulwürfe.
Auf dem Boden leben allerlei Käfer und Ameisen.
Es gibt Grillen, Heuschrecken, Spinnen, Wanzen,
Hummeln, Bienen und bunte Schmetterlinge.

Hasen und Rehe suchen auf der Wiese ihr Futter.
Igel fressen Eier, Würmer, Schnecken und Raupen.
Störche suchen Frösche, Mäuse und Heuschrecken.
Füchse jagen Mäuse, Kaninchen, Hasen und Vögel.

Die Blumenwiese ist ein besonderer Lebensraum.
Wird eine Wiese zu oft gemäht oder gar gedüngt,
dann sterben viele der Pflanzen und Tiere.
Deshalb ist für uns alle der Naturschutz so wichtig!

von Maria Schmetz

Dinosaurier

125 Wörter

Sachtexte

Vor etwa 250 bis 65 Millionen Jahren
lebten die Dinosaurier auf unserer Erde.
Am Anfang waren die Saurier noch klein.
Dann wurden sie größer und immer größer.

Es gab damals verschiedene Saurier-Arten:
Die Meeres-Saurier schwammen im Meer.
Die Flug-Saurier hatten Flügel zum Fliegen.
Die Land-Saurier lebten auf dem Festland.

Manche Dinosaurier ernährten sich von Pflanzen.
Die Raub-Saurier dagegen fraßen nur Fleisch.
Die Dinosaurier legten sehr große Eier.
Daraus schlüpften nach einiger Zeit die Jungen.

Dinosaurier konnten sich recht gut wehren.
Manche Saurier hatten riesige Hörner.
Andere hatten gefährliche, scharfe Krallen
oder eine harte Knochenkeule am Schwanz.

Manche Dinos wurden bis zu 40 Meter lang.
Sie waren schwerer als eine Elefantenherde.
Es gibt schon lange keine Dinosaurier mehr.
Wie viele andere Tiere sind sie ausgestorben.

von Maria Schmetz

Gorillas

131 Wörter

Gorillas gehören zu den Menschenaffen.
Die Männchen sind größer als die Weibchen.
Die Arme sind lang, die Beine kurz und kräftig.
Ihre Hände und Füße sind besonders groß.

Gorillas haben meist ein schwarzes Fell.
Sie sind größer und schwerer als andere Affen.
Gorillas können aufrecht stehen und gehen.
Als Menschenaffen haben sie keinen Schwanz.

Gorillas gibt es freilebend nur im Urwald in Afrika.
Sie leben in größeren Gruppen zusammen.
Gorillas werden mit vier Jahren selbstständig.
Die Tiere können 30 bis 50 Jahre alt werden.

Gorillas ziehen gemütlich durch den Urwald.
Ihr Futter suchen sie meist auf dem Boden.
Gorillas fressen nur Pflanzen aller Art:
Blätter, Wurzeln, Rinde, Knollen, Früchte.

Gorillas sind ruhige, friedliche Tiere.
Sie haben keine natürlichen Feinde.
Ihr einziger Feind ist der Mensch.
Heute werden Gorillas streng geschützt.

von Maria Schmetz